AF399168

Aulis Antamaa

Nautinnon portit narahtavat

- kauheimmat rakkausrunot

Kustantaja: BoD – Books on Demand, Helsinki, Suomi

Valmistaja: BoD – Books on Demand – Norderstedt, Saksa

ISBN: 9789528046219

alakerrassa tuoksuu kala

tuoksuu katkaravun kuola

liimautuvat yhteen kieleni ja häpysi kihara

ja lävitseni lyö kuuma aalto

joka sinisuonisessa elimessäni

voimistuu moninkertaisena

ja kassini keinuvat välilihallasi

painavat pulleat

vellovan meren valtavilla aalloilla

kieles kiemurtelee korvassani

tähkäs huulillani pullistuu

kohta touhuat jo takanani

sauvas sisuksiini tunkeutuu

ähkyt huudat iniset ja huokaat

sulle paljastan paikkani ahtaat

omaan ähinääni huutos hukkuu

kunnon väki ympärillä nukkuu

astut vielä kerran uudelleen

jäät mun sydämeni huoneeseen

vain taivas lempemme näki

kuusikossa kukkui käki

käteni tarttui metsän marjoihin

hirvikärpäset häpykarvoihin

onni on luonnossa yhtyä

sytytellä rakkauden lyhtyä

ulpukka kaipuun kukka

sen kadotin ma rukka

muistoissani hipaisen ulpukkaa

kuni miehuuttasi pullukkaa

lausut hyvästi

sanas sivaltaa

kuin piiska pakaroillani

onnemme yönä

tunnen syvästi

kaipuu kimaltaa

vierii kyynel poskellani

ahmin pastaa surutyönä

silmäis sinikellot

kutris kuni kotikontuin pellot

suus mesimarjainen

häpys kiharakarvainen

allani olit kuin enkeli

yllämme kärpäset lenteli

iässä yhä vaarin

muistan hetkemme mittumaarin

ole sinä vesi minä olen ämpäri

ole sinä kaunotar minä olen hirviö

ole sinä laiva minä olen satama

ole sinä hoitsu minä olen potilas

ole sinä hiljaa tai en anna

piehtaroin povesi poimuilla

maiskuttelen maitorauhasia

nyin näykin nuoleskelen

nälkiintynyt kieli nipukoillasi

nännipihasi huutavat hoosiannaa

onko tämä sitä rakkautta

kaikkea saa tehdä

kaikkea pitää tehdä

kaikkia läpiä täytyy sorkkia

kaikkia ulokkeita imutella

on vain yksi ehto

elinehto

märkää pierua ei saa

päräyttää naamalle

miehen pintaa kun koskee

koskee koivua

mahlaa juo

juo miestä

mies kun juo miestä

hän juo itsensä heijastusta

pienenä ponnistaa

kasvaa suureksi toisen suussa

kaks asteleepi nuorukaista

sydänyötä kuunnellen

kumpikaan ei kaipaa naista

nivusissaan tuntee sen

serenadiaan kesäyö soittaa

sudenhetki kunnes koittaa

ei ole leikki se lasten

kun kovan pistää kovaa vasten

vartalosi kaari painuu rinnalleni

kiihkosi luonnonvoiman kaltainen

kätesi tahtoa täynnä

kun vaeltaa häpyäni etsien

niin hikisinä

niin liukkaina leikissämme

aistien armoilla kumpikin

huohotamme ja lätisee lihamme

pääset ajoissa ulos

siementesi kaari lentää rinnalleni

ei minusta olisi äidiksi

taivaan ja maan

auringon ja kuun

meret ja mantereet

mitäpä en sinulle soisi

mutta olen vain köyhä kulkija

valtikkani hervoton helakanpunainen heppi

ihailen korvessa suopursun kukkaa

kuin varkain paikalle metsämies pukkaa

ladatun aseensa esille vetää

alkaen muistuttaa tuhmaa setää

muka luvatta tullut oon tontilleen

tönäisee minut polon kontilleen

mies paljastaa aseen ja alkaa laukoa

suomatta saaliilleen laisinkaan taukoa

saatuaan minut satimeen

jälkensä jättää sydämeen

tohtis en kertoa kellekään muulle

sanani lausun vain taivaan kuulle

yhtä mä ihailen palvon ja kaipaan

hifkistä pelaamaan siirtyi hän saipaan

haaveeni kohde ei ole pätkä

mies on salskea lätkäjätkä

hienosti pelaa ja kentällä luistaa

sykkivän syömmeni raiteiltaan suistaa

tämä hyrsky jonka herätät

myrsky sielun syövereissä

voi hyvä tavaton kuinka povessani sykkii

kuinka mielenrauhani on koetuksella

mistä tämä kaikki kumpuaa

eikö tyrsky milloinkaan laannu

päästä minut jo tästä vyörystä

vaan saavuthan sitten taas

kuin hyökynä ylitseni

oma rakas leipurini

hellä höpönassuni

kyykisty ylleni

väännä torttu vatsalleni

paijaan poskesi pehmyttä nukkaa

hyväilen häpysi karvaista kukkaa

halu hiipivä nivusiin painetta pukkaa

kunnes sovitan sinulle kumista sukkaa

luonto luo hehkuaan on suloisin suvi

mieltämme myllertää leikki ja huvi

talvi kun tuivertaa kylmää viimaa

muistelen lämmöllä kesäistä kiimaa

peräsuoli

kirkon kupoli

sen alla pieni alttari

minä sen ainoa rukoilija

milloin polvillaan

milloin rähmällään

ihan sama

kunhan lopulta saan tarttua

vapahtajani sauvaan

olen herrana hävyssäsi

suuri voimakas

reitesi ympärilläni

kuinka lantiosi syli mykkänä huutaa

ota minut

kassini läiskyvät lihasi pinnalla

vain aisalle avautuu portti

tunnetko häikäisevän tyhjyyden

jaatko kanssani riemun ja tuskan

kerro minulle

mihin tahdot kusitykkini kultaisen suihkun

ei täyttyneet kaihoisat toiveeni mun

kun tinderissä kohtasin sun

jo uusi saattaja lienee sulla

kupan polttamat vehkeet mulla

käsi pujahtaa housuihini

tunnustelee turvonnutta tuppikulliani

sormet kourivat kassejani

keskisormi työntyy läpeeni

kulta ei mennä pidemmälle

ennen kuin kihlat on kuulutettu

tule vielä kerran

tule syvälle suuhun

ja kevennä kasseista kaikki siimaiset sakat

niin minä nielen kaiken kernaasti

ja pyöritän sormea takapuolesi vaossa

niin minä nielen kaiken kernaasti

kernaasti pyllyäsi kaivan

ja jos sitten heti perään

tahdot paukutella

antaa suolesi jylistä

silkkaa sarjatulta

niin silloin minä henkäisen syvään

ja aistin tutun tuoksun

ja tunnen selvästi jälleen kerran

pakaras pärisevän pinnan

ja tunnen selvästi jälleen kerran

pakaras pärisevän pinnan

kova kovaa vasten

touhutipat litisevät kupeillamme

kun teemme rakkauden tekoja

huudamme mykkinä toistemme suuhun

salaisimmat haaveemme

jos kaipaus olisi viiniä

odottaisin sinua kaatokännissä

eikä mistään tulisi mitään

kun ei vaan ottaisi eteen

kun vastapannulle pillullesi

singonneet siemeneni

valahtavat reidellesi

niin sileälle ja karvattomalle

kavahtaa jokin sisälläni

huokaisusi jättää minut kylmäksi

ja taas verkkokalvolleni heijastuu

kuva hänen karvaisista pakaroistaan

kaarevasta alttarista jolle hiljennyin

josta ammensin kaiken ilon ja tuskan

minussa asuu miehen himo

olenko minä homo

yksikin tällainen kuiskaus

ja olen märkä kuin rätti

yksikin tällainen kuiskaus

ja yllyn härnäämään lihaasi

yksikin tällainen kuiskaus

ja vaadin valtikaltasi urotöitä

yksikin tällainen kuiskaus

ja olen yhtä huutoa

yksikin tällainen kuiskaus

ja

sori juna meni jo

vuodet vierivät

kilot kertyvät

muistot haalistuvat

vaan onhan meillä aina kouvola

peppuni pehmeän annan

pyllistän rakkaallein

siemenet sinkoaa vallan

kassisi tyhjiksi tein

onni on ottaa ja antaa

nautimme yksin tein

katsomme rakkauden rantaa

roskikseen kortsun ma vein

nautinnon portit narahtavat

astun puutarhaasi

hedelmäpuusi notkuvat

kasteiset terälehtesi aukeavat

jasmiinintuoksusi huumaa

kimalaisena pörisen korvissasi

kasvimaalla pysähdyn

tahdotko kesäkurpitsaa

moittivat kurtturuusua

pakaroittesi kätköissä

kurttu kaunein

kaihoja kukkuivat käet

kun kuljimme metsätiellä

ympäril turvaisat mäet

kun nätkelmään vaivuimme siellä

patjana sammal ol pakarain alla

astui armas aisalla paljaalla

näppäilen nännejäsi

puhaltelen povesi kaarta

rummutan pakaroitasi

koskettimesi käsieni armoilla

olet orkesterini

tahtipuikkoni tanassa

peijakas polte pohkeissani

onpas sulla ahnas suu

kiima kiehuu kasseissani

kitusista huuto purkautuu

taivuttelen päätäs silittelen otsaa

siemen vallan kastelee jo vatsaa

se mik vielä jääpi reppuun

päätyy kohta pikku peppuun

uskon jälleen rakkauteen

kaiken kun teet uudelleen

pierujen rikkaus

ja paukkujen summa

estoton kakkaus

ja tuoksukin kumma

suolehen pienehen mahtua voi

onnesta laulumme soi

kun sa huokaat kiittävät korvani

kun sa voihkit kiihtyvät kupeeni

tunnen huumaa hillitöntä aivan

toivon näin ma aina sun naivan

sa tahdotko olla mun allani täällä

kun aukaisen uumaltas nahkaisen vyön

koht armastan hyllyvän pyllysi päällä

ja suoritan miehen miehisen työn

saat suuta kun hampaani kärkkyvät kaulaa

on hetkemme herkkyyttä hapuilevaa

lemmestä lemmestä linnutkin laulaa

kai lääkitset syöntäni kipuilevaa

tahdotko leikkiä letukkaa

hamuilla huulille patukkaa

kielelläs vietellä syvälle suuhun

kuin sitä lainkaan ei luotu ois muuhun

lakesi pintaa kun sauvani kyntää

viimein sun kurkkuusi siemenet entää

jos niellen pistät koko lastin

iäti muistan kuinka rakastin

ihosi kuin kielonkukka

katseessasi taivaan kirkkaus

käynnissäsi nuoren varsan viehkeys

hiuksesi kuin elokuinen vilja

anna minulle koko kipeä nuoruutesi

keväällä kohtasimme

kesällä kättelimme

syksyllä suutelimme

tapaninpäivänä pantiin

siunattu se ken kokee rakkauden

ken kukan kauneimman löytää

ken itsens unhoittaa

eikö pieninkin meistä kurkota kohti valoa

kaipaa kosketusta kanssakulkijan ja luonnon

olkoon onni osanamme

nöyryys ohjenuoranamme

kieles kun kiertelee reikäni pintaa

unohdun miettimään rakkauden hintaa

onneni lyhyt on pelkkää lainaa

kotvan kuluttua lienen jo vainaa

kevät tuo rintaan hurmaa hurjaa

syksy on harmaa kaikki kurjaa

tulla sisälle

vaatii liukkaria

paljon

laadukasta liukkaria

ja jätä rakas kumi pois

sillä tahdon sinulta lapsen

armasta minua kun tuomi kukkii

kun taivaan kirkkaus

heijastaa salaisimmatkin haaveet

kun kesän tenho

kohisee kuumana suonissamme

kun lintuin liverrys

toistaa elon korkeimman kaiun

armasta minua kun tuomi kukkii

sillä lyhyt on kesä ja ihmisen onnen aika

otetaan malja elämälle

otetaan pohjaan asti

otetaan kevät kesä syksy talvi

otetaan koko vuodenkierto

otetaan hetki aikaa vain toisillemme

otetaan se mikä vain meille kuuluu

otetaan vielä ottamasta päästyämmekin

otetaan otetaan mutta nyt pää kiinni

katso kuinka peippo tekee pesää

kuinka maat ja mannut viheriöivät

kuinka kukkiva laakso hehkuu väriloistossaan

eikö koko luomakunta korkeassa veisussaan

lietsokin valtikkaasi istuttamaan uutta elämää

kylvämään vakooni siunattua siementä

tätä onnea elämän riemua

poimin kukkaset kedon ja haan

taasen puhkean laulamaan

rakastan rakastan rakastan

melo kajakkiamme

melo kuin ois virta vastainen

melo väkevällä voimalla

jäntevyytesi tenholla

kosken kuohuja kaihda emme

olet mies minä nainen

hento äänes uikuttaa hellällä hetkellä

poves kaarta uhkeaa vaalin kämmenellä

runous hienoinkin epäilen

haalistuu vierelläs lepäillen

kelloista kauneimmat soittaa

silloin kun rakkaus voittaa

hirssi puurossa pohjusti päiväni

kurssi netissä venyi vartilla

farssi ykkösellä taattua suomi-filmiä

terssi korotusta ja dirlandaata karaokessa

marssi luoksesi taittui ripeästi

lerssi ponnahti kun polvistuin eteesi

voi kulta parka

liekö peppus arka

hellällä rakkaudella

aioin sua hoidella

vauhtiin kun pääsin parissa pakaroiden

villiinnyin lystiin lailla kakaroiden

ollut ei se laisinkaan kypsää

suothan mun varoen aisaasi lypsää

jos sinä olet meri

tahdon minä olla lemmenlaiva

jos sinä hyppäät katolta

tahdon minä olla betonia

jos sinä nukut

tahdon minä olla lakana tai märkä uni

jos sinä heräät yöllä

tahdon minä olla jääkaapin ovi

jos sinä käväiset vessassa

tahdon minä olla pöntössä passissa

on lohduton mulla kaipuu

uneen aika vaipuu

istuimme jumalten keinussa

ajoimme virvatulta

polttavan rakkauden leimussa

varastin suudelman sulta

vaan veljeni sinut hurmasi

ja syömmein iäksi surmasi

hänen kävelynsä kadun yli

on näytös ikkunalla istuvalle

hänen kävelynsä kadun yli

saa kaiken katoamaan ympäriltä

hänen kävelynsä kadun yli

tekee minut kovaksi

hänen kävelynsä kadun yli

tekee minut märäksi

hänen kävelynsä kadun yli

kasvattaa paperinkulutustani

hän toi minulle syreenejä

lempikukkiani

laitoin kimpun vaasiin

vaasin erkkerin akkunalle

pakahdun onnesta

kun katselen niitä rakkaani alta

anna minä tulen kuin kevät

anna minä kastelen kuin kesäinen kuuro

anna minä korjaan sinut kuin syksyn sadon

anna minun talvella lämmitellä pesässäsi

anna minun unohtaa että

runous ei sovi minulle

hän liikkuu kuin minua kiusaten

hän keimaillen heittää pois liivin

niin herkkuna hyllyy pylly sen

kun sisään työnnyn tahtoni siivin

oi armaani

suo astua valtakuntaasi

kyntää peltoasi

polkea pyhimpääsi

älköön kaipuumme kukka kuihtuko

sinä norjista norjin

oksas oksista suorin

suo latvas huojua

mahlaisten kupeittesi tihkua

suvi vuodessa vain kerran

lempikäämme sen verran

istahda lemmenkeinuun

vietä kanssani suvi

läsnä riemu ja huvi

kiiku kirkkauteen taivaan sinen

rinnallas keinuu onnellinen

oi lemmen huumaa

kiihkoa kuumaa

yhdymme suloiseen soittoon

soitamme aamun koittoon

sylissäsi vaiti valvon

lihasi liikettä palvon

taivas varjelkoon

tätä kuolevaisten unetonta yötä

anna airosi soutaa

vetteni päällä

huovaten kun on poutaa

miehekkäästi myrskysäällä

venheen kokka kohti kaukaista rantaa

aaltoin loiske meidät perille kantaa

ettäs kehtoot kaikki ehtoot

vaivata eukkos lihaa

julmettu jyystö läpi seinien kaikuu

nostattaa naapurin vihaa

toki saa olla kiihkeitä yös

jos huomioit toisia myös

antaa kaikkien kukkien kukkia

mut armahda naapuri rukkia

ole minun orini

minä sinun tammasi

ratsastakaamme auringon nousuun

kupeillamme elämän ja kuoleman kiihko